TITLE: _____

TITLE: _____

TITLE: _____

TITLE: _____

TITLE: ⎯⎯⎯⎯⎯⎯⎯⎯⎯⎯⎯⎯⎯⎯⎯⎯⎯⎯⎯⎯⎯⎯⎯⎯⎯⎯⎯

TITLE: _____

TITLE: _____

TITLE: _____

TITLE:

TITLE: _____

TITLE: _____

TITLE: _____

TITLE: _____

TITLE: _____

TITLE: ———————————————————

TITLE: _____

TITLE: _____

TITLE: ───────────────────────────

TITLE: _____

TITLE: _____

TITLE: _____

TITLE: _____

TITLE: _____

TITLE: _____

TITLE: _____

TITLE: _____

TITLE: _____

TITLE: _____

TITLE: _____

TITLE: _____

TITLE: _____

TITLE: _____

TITLE: _____

TITLE: _____

TITLE: _____

TITLE: ———————————————————

TITLE: _____

TITLE: _____

TITLE: _____

TITLE: _____

TITLE: _____

TITLE: _____

TITLE: _____

TITLE: _____

TITLE: _____

TITLE: _____

TITLE: _____

TITLE: _____

TITLE: _____

TITLE: _____

TITLE: _____

TITLE: _____

TITLE: _____

TITLE: ──────────────────────────────

TITLE: _____

TITLE: _____

TITLE: _____

TITLE: _____

TITLE: _____

TITLE: _____

TITLE: _____

TITLE: _____

TITLE: _____

TITLE: _____

TITLE: _____

TITLE: _____

TITLE: _____

TITLE: _____

TITLE: _____

TITLE: ──────────────

TITLE: _____

TITLE: _____

TITLE: _____

TITLE: _____

TITLE: _____

TITLE: _____

TITLE: _____

TITLE: ──────────────────────

TITLE: _____

TITLE: _____

TITLE: _____

TITLE: _____

TITLE: _____

TITLE: _____

TITLE: _____

TITLE: —————————————————————

TITLE: _____

TITLE: _____

TITLE:

TITLE: ————————————————————————————

TITLE: _____

TITLE: ━━━━━━━━━━━━━━━━━━

TITLE: _____

TITLE: _____

TITLE: _____

TITLE: _____

TITLE: _____

TITLE: _____

TITLE: _____

TITLE: _____

TITLE: _____

TITLE: _____

TITLE: _____

TITLE: _____

TITLE: _____

TITLE: ―――――――――――――――

TITLE: _____

TITLE: ───────────────────────

TITLE: _____

Made in the USA
Las Vegas, NV
25 November 2022